A A a a B B b b C C

c c D D d d E E e e

F F f f G G g g H H

h h I I i i J J j j

K K k k L L l l M M

m m N N n n O O o o

P P p p Q Q q q R R

r r S S s s T T t t

U U u u V V v v W W

w w X X x x Y Y y y

Z Z z z ? ? ? ! ! !

Ä ä ä Ö ö ö Ü ü ü ß

1 2 3 4 5 6 7 8 9 0

1 2 3 4 5 6 7 8 9 0

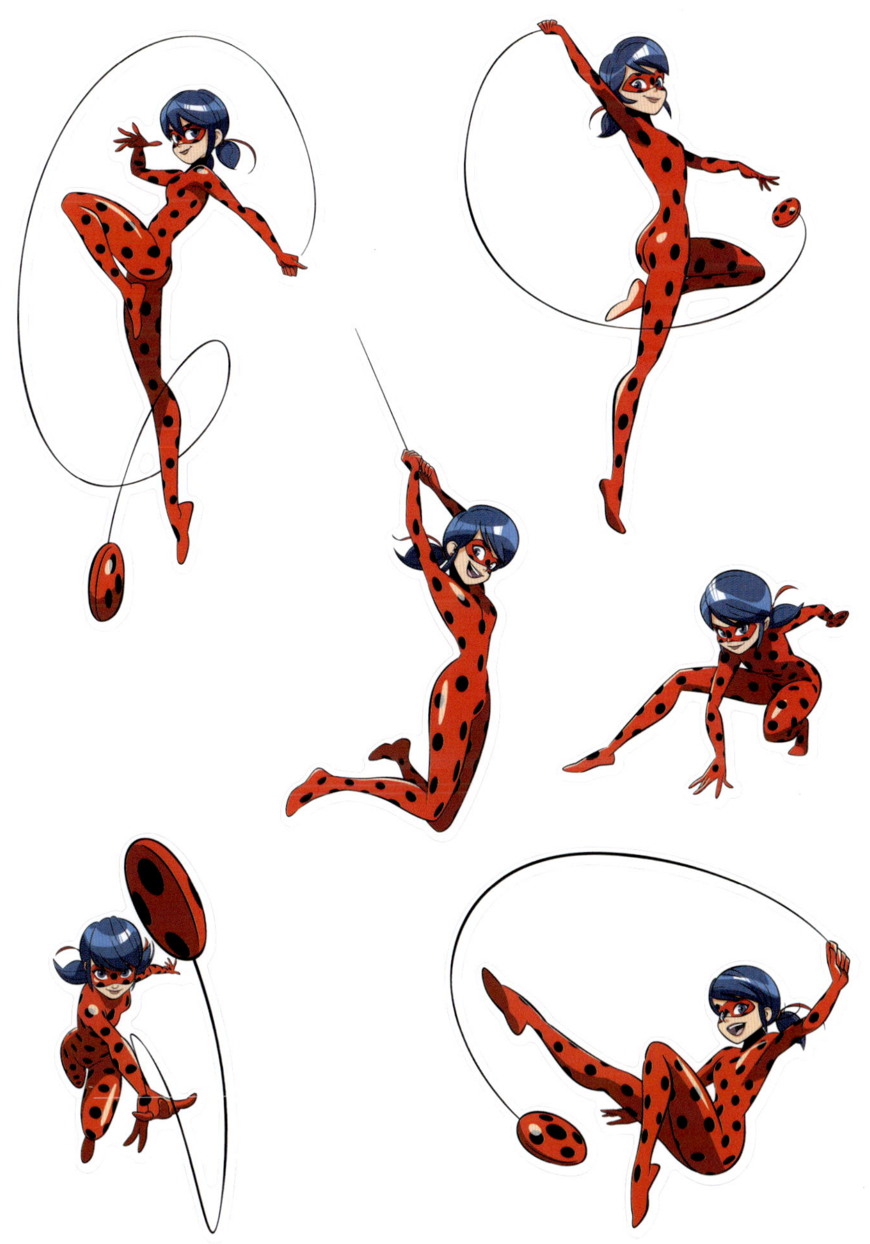

RENA
ROUGE

LADYBUG

QUEEN BEE

CAT NOIR

CARAPACE

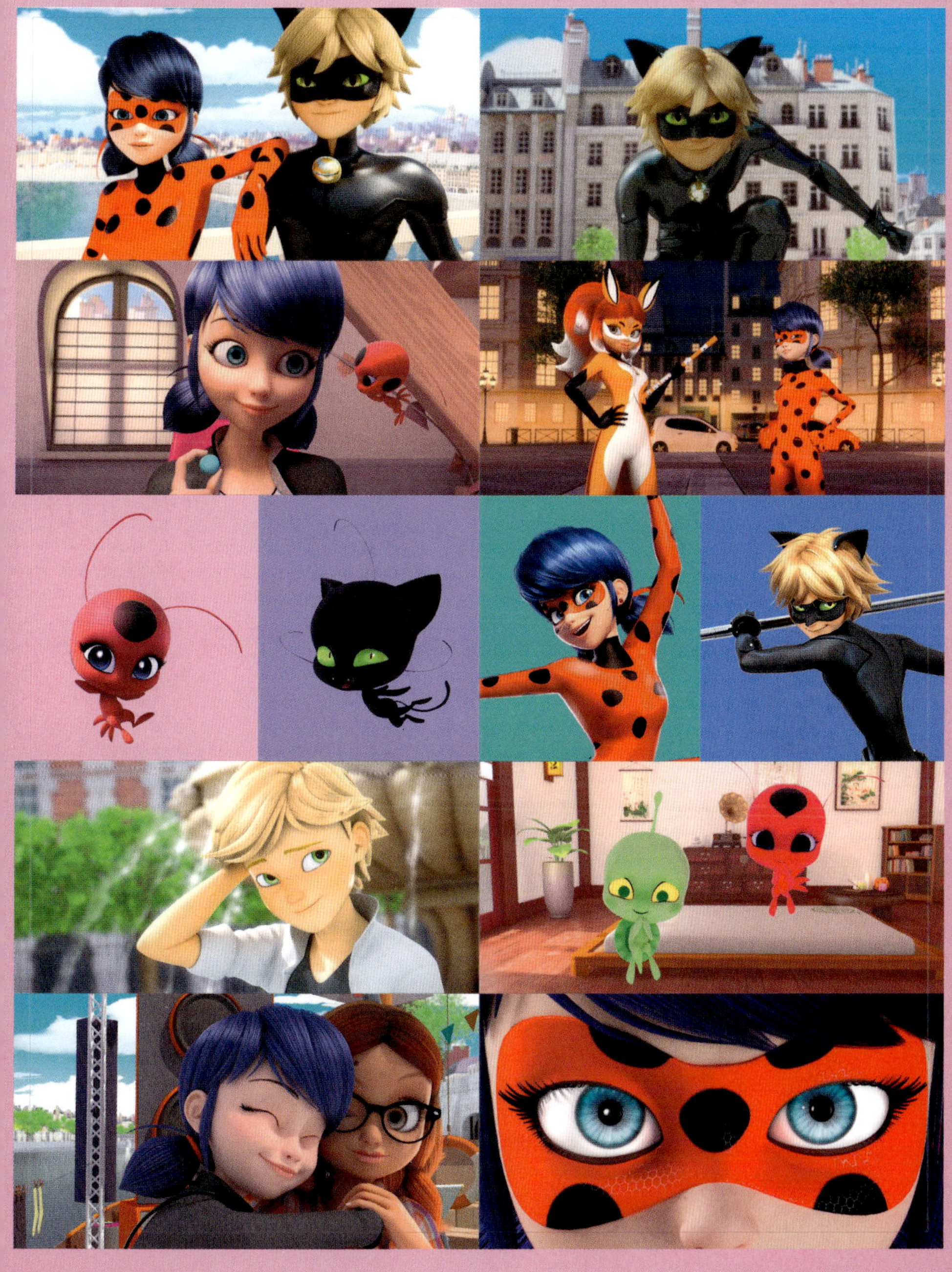

BEST FRIENDS BEST FRIENDS BEST FRIENDS BEST FRIENDS

BEST FRIENDS BEST FRIENDS BEST FRIENDS BEST FRIENDS

Paris

LADYBUG
LADYBUG
LADYBUG
CAT NOIR
CAT NOIR
CAT NOIR
RENA ROUGE
RENA ROUGE
RENA ROUGE
QUEEN BEE
QUEEN BEE
QUEEN BEE
LADYBUG
RENA ROUGE
QUEEN BEE

BE
MIRACULOUS

Friendship

MIAU!